Eu vi Jesus

Depoimentos de pessoas que estiveram
na presença de Jesus Cristo
e mudaram suas vidas

Sandra M. Sampa
João Cesar Ribeiro
Liliane M. Boriero
Regiane Barbosa
Marcelo Affonso
Cléia Ferreira

Presidente:
Mauricio Sita

Vice-presidente:
Alessandra Ksenhuck

Diretora executiva:
Julyana Rosa

Diretora de projetos:
Gleide Santos

Relacionamento com o cliente:
Claudia Pires

Assistente de projetos:
Amanda Leite

Diretor de arte e criação:
Fabio Masataka Sampa

Edição:
Leo A. de Andrade

Projeto gráfico:
Gabriel Uchima

Diagramação:
Cândido Ferreira Jr.

Ilustrador e cocriação:
Bóris Pereira

Revisão:
Evelise Paulis

Impressão:
Gráfica Paym

Dados Internacionais de Catalogação na Publicação (CIP)
(eDOC BRASIL, Belo Horizonte/MG)

E86 Eu vi Jesus / Sandra M. Sampa... [et al.]. – São Paulo, SP: Literare Books International, 2021.
14 x 21 cm

ISBN 978-65-5922-220-9

1. Literatura de não-ficção. 2. Jesus Cristo – Ensinamentos. 3. Religião. 4. Vida cristã. I. Sampa, Sandra M. II. Ribeiro, João Cesar. III. Boriero, Liliane S. B. Massad. IV. Barbosa, Regiane. V.Affonso, Marcelo. VI. Ferreira, Cléia.

CDD 248.4

Elaborado por Maurício Amormino Júnior – CRB6/2422

Literare Books International.
Rua Antônio Augusto Covello, 472 – Vila Mariana – São Paulo, SP.
CEP 01550-060
Fone: +55 (0**11) 2659-0968
site: www.literarebooks.com.br
e-mail: literare@literarebooks.com.br

Eu vi Jesus

Depoimentos de pessoas que estiveram na presença de Jesus Cristo e mudaram suas vidas.

O propósito deste livro é divulgar que Jesus Cristo vive e está entre nós. Ele está tão perto, tão presente quanto uma pessoa que vive conosco no nosso dia a dia. Ele está ao nosso lado, o tempo todo, por toda a vida! Sem Ele, nunca venceremos. Com Ele, somos mais que vencedores.

E Jesus prometeu para você e para mim:

> *"E eis que eu estou convosco todos os dias até a consumação do século."*
>
> *Mateus 28:20, ACF*[1]

E Ele está. Jesus não mente, não blefa, não distorce e nem tampouco diz bobagens. Ele prediz e diz a verdade. Jesus é a Luz do mundo, sem a qual eu e você estaríamos totalmente perdidos e condenados à escuridão eterna.

Muitos ainda vivem no escuro.

---

1 A Bíblia Almeida Corrigida Fiel (ACF) é uma tradução para a língua portuguesa baseada na versão de João Ferreira Annes d'Almeida. A tradução Corrigida Fiel usou como base a Almeida Revista e Corrigida (ARC) e tem a característica de basear-se exclusivamente no Texto Recebido (***Textus Receptus***) grego para o Novo Testamento e no Texto Massorético hebraico para o Antigo Testamento. Fonte: Wikipédia.

Prefácio

Este livro contém seis incríveis depoimentos, de pessoas comuns, como eu e você, e que tiveram uma experiência sobrenatural com Jesus Cristo e suas vidas se transformaram radicalmente[2], num renascer em comunhão com Deus.

O primeiro grande desafio na elaboração desta obra foi a tomada de decisão, de cada depoente, para falar sobre esse encontro transformador com Jesus Cristo. Muitos que passam por experiências tão inexplicáveis como essa preferem manter sigilo ou compartilhar apenas com pessoas muito próximas, por diversas razões: para não correrem o risco de serem desacreditadas, excluídas do grupo das pessoas "normais", rotuladas de loucas, fanáticas, ou, então, serem santificadas, como se nunca mais pudessem errar. Afinal sair dizendo por aí que viu Jesus vai na contramão da Ciência, da tecnologia, da filosofia, das ordens da Física, das leis da natureza, da lógica humana e até de certos segmentos religiosos. Enfim significa, no mínimo, desafiar as regras do mundo concreto e pós-moderno em que vivemos. Vale lembrar que o próprio Jesus alertou que seríamos rejeitados ao falar com exclusividade o nome Dele (Mateus 10:22; João 15:19).

O segundo desafio foi conseguir transpor para o papel experiências sobrenaturais usando o código de linguagem deste mundo terreno, ou seja, usando palavras verbais ou escritas. As palavras humanas não alcançam a dimensão correta da magnitude de um evento sobrenatural, que seria melhor explicado com palavras do mundo sobrenatural, as quais desconhecemos. Portanto é compreensível ouvir das pessoas que tiveram essas experiências sobrenaturais: "não consigo encontrar palavras que descrevam exatamente o que aconteceu". Isso se fez presente em todos depoimentos desta obra.

---

2 Radicalmente = pela raiz, essencialmente. Fonte: https://www.infopedia.pt/dicionarios/lingua-portuguesa/radicalmente

E, por fim, o desafio de transpor para o papel, com palavras e ilustrações, toda emoção transformadora que os depoentes sentiram quando estiveram na presença do Rei dos reis. Vale ressaltar que o que está aqui registrado não alcança a exatidão do ocorrido, pois essa dimensão é indescritível e grandiosa demais, mas procuramos nos aproximar o máximo, com o cuidado de apontar muitos detalhes.

Importante registrar ainda que em todos os depoimentos é inquestionável que a presença foi de Jesus Cristo. Não foi a de Deus, anjos, santos etc. Então como explicar num papel o turbilhão de (novas) emoções e o impacto desse encontro? Caberá a você, leitor, no final de sua leitura, concluir se conseguimos ou não.

Com a finalidade de fazer esta obra assertiva, clara e fidedigna, os depoimentos foram cuidadosamente coletados através de diversas entrevistas presenciais e remotas. A estrutura da entrevista passou por uma trajetória de cinco tópicos:

- Minha vida antes de conhecer Jesus.
- Deserto.
- Jesus me visitou.
- Meu novo mundo.
- Um recado para você.

Que você, leitor, possa ter um entendimento que excede a cognição para também ser tocado pelo poder do Espírito Santo de Deus e se render a Jesus Cristo. Que esta obra possa agir sobre a sua vida para juntos declararmos, cada vez mais, que a verdadeira vida só é encontrada quando entregamos nosso coração a Jesus, o filho de Deus Soberano.

Sandra M. Sampa

Sumário

Capítulo 1
Eu vejo você

Sou Sandra M. Sampa, casada, mãe de dois filhos e psicóloga. Nasci em São Paulo, e cresci num bairro simples da capital. Aos 44 anos, eu conheci Jesus. E tudo mudou.

1) Minha vida antes de conhecer Jesus

Fui uma criança briguenta. Minha mãe, católica, ensinou sobre Deus aos seus filhos, mas sabe como é criança quando vai à missa, né? Sou grata a ela pelos seus ensinamentos. Troquei os brinquedos que não pude ter na infância pelos gibis da Turma da Mônica que ganhava do meu pai aos domingos, quando íamos até a banca de jornal. Sempre gostei de ler e estudar. Nada materialmente me faltou na infância, ao mesmo tempo em que tinha a sensação de que tudo me faltava naquela época. Havia um buraco no meu coração, um vazio existencial, desde sempre. Uma sensação de não me encaixar em nada e de não ser suficiente.

> *Havia um buraco escuro,*
> *profundo e sem portas no meu coração.*

Um buraco, um vazio: esse era o meu coração. Não que eu não sentisse emoções... pelo contrário, sentia raiva, medo e tristeza intensamente. Tinha poucos amigos desde a infância (eu tinha uma alergia na pele, no corpo todo, além de ter sido muito magra). Eu me sentia "o patinho feio" da família. Também poderia ser a "ovelha negra"! Conforme fui crescendo, aprendi a usar a máscara do "sou boazinha e estou bem", mesmo sentindo que tinha uma bomba relógio dentro de mim prestes a explodir! E algumas poucas vezes explodiu mesmo!

Quando me casei, sentia-me responsável pelas inúmeras brigas conjugais que surgiam no casamento, pois meu marido era tão carismático, comunicativo e alto astral. Ele era como um brilho para todos à sua volta, inclusive para mim, e eu me sentia à sombra dele.

Busquei muitas estratégias, ao longo da vida, para preencher esse vazio no meu coração. Destaco algumas:

- Livros de autoajuda desde a pré-adolescência;
- Namoros na adolescência;
- Viagens fantásticas pelo mundo afora;
- Compras excessivas;
- Foco na carreira e na meritocracia;
- Construção da minha própria família;
- Frequência a diversas religiões;
- Graduação em Direito;
- Terapias diversas;
- Cursos de imersão em desenvolvimento pessoal (já fiz tantos treinamentos que perdi a conta!);
- *Coach* e terapeuta (ou "facilitadora") em uma empresa de desenvolvimento pessoal.

Contudo criei meus filhos com amor, e disso gosto de me orgulhar. Não fui uma mãe perfeita (nenhuma será!), mas fui presente e sinto que desempenhei bem esse papel. O pouco que eu sabia sobre Deus eu ensinei para eles. Ensinei a orar, acreditar que Deus existe sim e que Ele está dentro do nosso coração. Se eles aprenderam? Acho que, de certa forma, sim.

2) Deserto

Deserto tem representação emocional de "fundo do poço". Tudo nos falta em um deserto: água, comida, companhia, descanso, segurança. Todos vivem um ou mais desertos em suas vidas. Jesus ficou 40 dias no deserto, sendo tentado pelo diabo e resistindo com sua fé e obediência a Deus, seu Pai Criador.

Para mim, o deserto possui quatro "s": solidão, sofrimento, silêncio e sabedoria.

O vazio existencial dentro do meu coração estava em mim desde o meu nascimento. Então eu vivi no deserto toda a minha vida e achava, inclusive, que o deserto fazia parte da minha identidade. É o tipo de coisa difícil de explicar ou escrever, mas para quem também tem ou teve um vazio existencial dentro de si, é muito fácil de entender.

> *Eu vivi no deserto toda a minha vida e achava, inclusive, que o deserto fazia parte da minha identidade.*

Era maio de 2018 quando o deserto me engoliu. O casamento estava à beira de uma separação por causa dos segredos, competições e brigas. Meus filhos já crescidos, descubro que ambos estavam muito perdidos em suas próprias convicções e estavam pondo-se em risco de vida (um deles havia acabado de ser expulso de uma famosa escola na cidade). No meu trabalho, me sentia pressionada a entregar cada vez mais e mais resultados. Sentia-me exausta na alma.

O sentimento foi: "a casa caiu".

3) Jesus me visitou!

No mês seguinte, fui visitar uma amiga e psicóloga, Patrícia Kypriotis, em sua clínica em São Paulo. Fazia anos que não nos víamos e ela contou da sua transformação através de Jesus e como sua vida estava renovada e cheia de propósito. Lembro-me da sua frase impactante para mim: "Jesus me salvou!". Eu desabafei meus problemas para ela. Choramos juntas. Almoçamos e me despedi. E ao pegar meu carro na garagem do prédio comercial da clínica dela, eu já senti algo diferente: uma sede de Jesus e uma curiosidade estranha começaram a nascer em mim. Uma pergunta gritava em minha alma: quem era Jesus e como conhecê-lo?

Meus pensamentos já não estavam sobre meu domínio. Estavam bagunçados e estranhos. Minhas percepções corporais sensíveis ao ambiente. E sentia algo "estranho" no ar.

A sede por conhecer Jesus era repentinamente muito intensa, afinal eu estava vivendo num deserto.

A sede por conhecer Jesus crescia tão rapidamente e tomava conta do meu ser. Eu não estava mais no controle. Essa sede NÃO era cognitiva[3], não era intelectual no sentido de ter de ler livros ou mesmo a Bíblia inteira para aprender sobre a vida de Jesus. Pelo contrário, bagunçava meus pensamentos e toda a minha lógica construída ao longo da vida. Não se tratava mais de estudos, e sim de um novo sentir, uma nova percepção que eu absorvia, mas não entendia. Era o início da minha desconstrução de tudo o que eu sabia. Fui decifrar o que era isso só depois de um bom tempo: era o Espírito Santo de Deus agindo sobre a minha vida.

> *Era uma sensação anormal, que mexia com cada célula do meu corpo, que aflorava minha percepção de mundo, em que minha alma parecia estar do avesso, que deixava meu coração muito sensível e que me movia para eu me render a algo maior: era a força do ESPÍRITO SANTO agindo em mim.*

Então primeiro eu recebi o Espírito Santo de Deus. E assim segui, me sentindo diferente, por duas semanas. Tudo se mexia dentro de mim e eu permitia receber e sentir cada vez mais, pois era bom, era estranhamente muito bom.

Lembro exatamente do dia em que, voltando do trabalho, já era noite em São Paulo, eu sozinha no meu carro, passei próximo ao

3 Cognição é uma função psicológica atuante na aquisição do conhecimento e se dá através de alguns processos, como a percepção, a atenção, associação, memória, raciocínio, juízo, imaginação, pensamento e linguagem. Fonte: Wikipédia.

viaduto da Beneficência Portuguesa, meu "caminho da roça". Essa região costuma ser movimentada de pessoas nas ruas, pois há um famoso hospital ali. Enquanto dirigia, de repente, olhei para as pessoas andando na rua e eu vi e senti o poder do ESPÍRITO SANTO atuando em mim: com meus próprios olhos abertos, eu vi o espírito reluzente de todas as pessoas na rua e senti profundamente em mim que o propósito de cada uma daquelas pessoas, andando para lá e para cá, era voltar para Deus. Sim, senti o propósito da humanidade. Uma força indescritível tomou conta de mim. Meu cérebro expandiu. Senti o porquê de nascermos e para onde temos que ir. Senti a força inexplicável e imensurável do poder de Deus quando fez o homem à sua semelhança.

Cheguei a piscar os olhos com força, várias vezes para conferir se o que via era real. Continuava vendo claramente todas, absolutamente todas as pessoas com seus corpos brilhando, reluzentes, uma luz branca e límpida, uma imagem que jamais esquecerei. E senti o propósito da humanidade em mim, como uma grande conexão de Deus comigo, de Deus com toda a humanidade e de toda a humanidade comigo. Meu Deus, os grandes mistérios sobre quem somos nós, de onde viemos e para onde vamos: não são mistérios, são bem mais simples do que a vã filosofia pinta.

> *Eu era cega, surda e muda no mundo, mas agora conheço (e sinto) o propósito de eu ter nascido. Esse é o mesmo propósito da sua vida também: todos nós nascemos para voltarmos para Deus, o soberano Criador. Esse é o propósito de toda a humanidade.*

No relógio humano, essa visão e experiência devem ter durado alguns segundos, talvez um minuto. Eu não sei. Eu continuei dirigindo meu carro bem devagar, já sem me importar com o caminho de casa. Na minha percepção, essa impagável experiência durou mais tempo, o suficiente para me encher de êxtase e renovo.

E tudo começava a mudar dentro de mim: gosto musical e por filmes, valores culturais, redefinição do que é certo e do que é errado etc... Eu jamais me imaginei ouvindo música gospel (com exceção de algumas músicas famosas do Padre Marcelo), mas passei a amar essas músicas. Uma em especial marcou a minha iniciação na fé: *Lapidação* (Adoração Central)[4]:

Salvaste-me
E agora eu sou teu
Semelhante a ti, Senhor, eu quero ser

Renova-me
Eu quero te servir
Vem limpar e transformar meu coração

Só Tu, Senhor, enxergaste o meu valor
Tudo sabes, Soberano Criador
Eu quero ser lapidado por tuas mãos
Faz o teu querer em mim

4 Compositores: Isac Pereira da Silva Filho / Daiana Mendonca Celano da Silva.

Já não quero ser igual
Hoje eu vivo só pra ti
Me prepara pra te encontrar, Senhor

Cristo, vem me lapidar
Eu preciso mais de ti
Vem encher-me com o teu espírito
Fui criado para o teu louvor
Manifestar o teu amor
Eis-me aqui

Já se passaram cerca de duas semanas desde a visita à minha amiga psicóloga. E após mais um dia de trabalho, já deitada sozinha em minha cama, meus filhos e marido assistindo a um filme na sala de estar, de repente, Jesus veio me visitar. Sinto (e não é "ouço") um chamado, não uma voz sonora, mas um chamado interno que queimou meu peito. Não foi, portanto, uma voz, nem um toque físico... sinto uma presença de alguém me chamando, ali dentro do meu quarto, o meu peito queimando, e o meu corpo fez um movimento aleatório por conta desse chamado: sentei-me na beira da cama e coloquei meus pés em cima do baú que ficava no final dela. Fiquei de olhos fechados, com os braços apoiados em meus joelhos e de cabeça baixa.

Sei quem está em pé na minha frente, bem perto de mim. Não há qualquer dúvida. Sei quem está comigo naquele quarto. É Jesus Cristo me chamando. Em nenhum momento eu tive dúvida sobre quem estava na minha frente.

Jamais se confunde quem é o Rei estando na presença Dele.

Ao sentir que Jesus está comigo, me constrangi totalmente. Nunca tinha experimentado esse constrangimento em tamanha profundidade. Uma soma de constrangimento com extrema vergonha pelos meus defeitos e minhas escolhas erradas[5] e, por causa disso, eu não consigo obedecer a Ele quando me diz docemente: "pode me olhar". E eu respondo: "não posso". Não consigo sequer levantar meu rosto para olhar com para Ele com meus olhos físicos, mas pude vê-Lo o tempo todo com meus olhos espirituais. Esse diálogo não é feito com a minha boca física e nem há palavras sonoras no ar. É uma comunicação de espírito para espírito. A mensagem chega independente de um corpo físico como veículo. E a mensagem é tão clara e doce. Quanta doçura e misericórdia de Jesus ao permitir que eu voltasse meu rosto para Ele, o Rei dos reis.

Jesus é reluzente, brilha da cabeça aos pés no seu manto branco. O ambiente também muda. Um sentimento de paz invade o quarto. Meu quarto ainda é meu quarto, mas fica em um segundo plano, fluido, perde o destaque pela Luz de Jesus. Jesus é tão lindo! Jamais vi algo com tanta magnitude, jamais vi algo tão lindo.

E em seguida, com sua mão direita, Ele toca docemente em meu coração físico. Sinto o seu toque espiritual e agora físico também. Meu coração queima e explode por dentro. Imediatamente percebo que meu coração, enquanto órgão físico, expandiu, cresceu. O vazio sumiu!

> *Jesus veio me visitar e eu me constranjo na hora.*
> *Ele toca meu coração e o vazio sumiu.*

Em seguida, olho para a minha direita, com olhos espirituais, e uma imagem reluzente surge. Fisicamente eu continuo sentada

---

5 Todas as escolhas que nos afastam de Jesus são erradas.

na cama e de cabeça baixa, mas vejo essa linda imagem: um portão de entrada, bem grande e alto, com muito brilho, num lugar claro e amplo. O portão está aberto. Há três pessoas, adultas e vestidas com mantos brancos, reluzentes da cabeça aos pés, conversando na entrada desse portão. Elas estão do lado de fora do portão, sorrindo umas para as outras, com muita paz. Elas brilham, o portão brilha e o que está em volta do portão também brilha. Não é como o brilho amarelo do sol, mas um brilho muito reluzente, branco e fluido novamente.

E me sinto tão preenchida e em paz, e novamente meu corpo físico movimenta-se aleatoriamente, agora para me deitar. Assim o faço e durmo em paz. Aos 44 anos, eu morri e renasci com Jesus Cristo.

> *"Pelo que, se alguém está em Cristo, nova criatura é;*
> *as coisas velhas já passaram; eis que tudo se fez novo."*
> *2 Coríntios 5:17, ACF*

Nunca foi por merecimento receber a visita de Jesus, o Rei. Essa visita é fruto da infinita misericórdia que Ele e o Pai Criador, Deus, têm sobre todos os homens que se sentem cansados e oprimidos.

> *"Vinde a mim, todos os que estais*
> *cansados*
> *e oprimidos, e eu vos aliviarei."*
> *Mateus 11:28, ACF*

4) Meu novo mundo

E desde então eu me apaixonei por Jesus. Sinto que Ele me salvou quando morreu por mim, crucificado, para renovar a aliança de Deus com os homens e me salvou pela segunda vez quando veio me visitar em meu quarto. E Ele nos salva todos os dias, de maneiras e possibilidades que nem podemos imaginar, que muitas vezes nós denominamos como "sorte", "coincidência" ou "mérito próprio". O único e genuíno "mérito próprio do homem" é, através do seu livre-arbítrio, escolher Jesus como seu único salvador. Os outros "méritos" serão consequências dessa escolha certa, de acordo com os planos de Deus para nossas vidas.

Minha vida hoje é adorá-Lo e servir a Ele, tamanha a gratidão impagável que sinto todos os dias. Eu me arrependi dos meus erros e mudei muita coisa. Continuo imperfeita, inclusive com alguns mesmos desafios de antes. Não me tornei santa nem mesmo "poderosa" pelos meus méritos, mas muitos dos meus valores e princípios mudaram.

Quando Jesus veio me visitar, um sentimento de urgência também nasceu em meu peito. Uma mensagem como: faça logo o que tem que fazer a favor do Reino de Deus. E não sei explicar, ainda, por que, alguns dias depois, destranquei minha matrícula na faculdade de Psicologia, trancada por dez anos (e eu não tinha planos de retomar essa graduação). Simplesmente obedeci e me formei.

Quem verdadeiramente conhece a Jesus, recebeu o Espírito Santo e teme a Deus costuma ter um estilo de vida diferente. Continuamos passíveis de errar, pecar, repetir os erros inclusive, mas passamos a nos sentir desencaixados nesse mundo. Nasce uma nova consciência,

---

6 *Mindset* é o jeito de pensar e suas crenças, como sua mente está programada para pensar sobre determinado assunto.

um novo *mindset*[6], que traça uma linha divisória entre o que pertence ao mundo e o que pertence a Deus. Tudo se faz novo sim, mas, se não estivermos vigilantes na fé, podemos cair no mesmo buraco escuro de antes.

> "Não ameis o mundo, nem o que no mundo há. Se alguém ama o mundo, o amor do Pai não está nele."
>
> João 2:15, ACF

Minha casa também se renovou: hoje meus filhos e marido têm fé em Jesus Cristo. Todos se converteram a Ele. Em todas as refeições, oramos juntos, coisa que não fazíamos antes. Nosso propósito de vida não termina mais com a morte física, vai além da morte: alcança o desejo de vivermos na eternidade com o Pai Criador, através do amor a Jesus.

Todos em casa continuam na luta diária da vida, nas rotinas muitas vezes estressantes, porém agora lutamos de um outro (e novo) lugar interno: com um coração preenchido por quatro sentimentos:

- <u>Amor</u> a Jesus.
- <u>Pertencimento:</u> somos de Jesus. Sentir o amor de Jesus por nós imediatamente nos remete ao sentimento de pertencimento a Ele.
- <u>Gratidão</u> a Jesus, que nos comprou do mal, com seu sangue.
- <u>Temor</u> a Jesus: consciência inquestionável às suas leis; que Lhe devemos obediência.

Muitas vezes me pego sonhando com a próxima vez que encontrar Jesus. Sinto muita, muita saudade de vê-lo de novo. Da próxima vez, já sei o que farei: eu vou correr sorrindo na direção Dele, vou me derramar aos pés Dele, vou ajoelhar e beijar docemente Seus pés. Eu nasci para Ele! E você, acreditando ou não, negando ou mesmo repudiando que Jesus é o seu único salvador, também nasceu para voltar ao Deus criador. Esse é o propósito da humanidade.

5) Um recado para você

> *Os campos estão prontos: a batalha final está mesmo chegando!*

Muito se fala e já se falou sobre profecias do final dos tempos. Diversas teorias da conspiração viraram até filmes hollywoodianos. Quem sou eu para apontar quando será o final dos tempos, prever uma data? Jamais, simplesmente porque eu, como você, também não sei, porém sinto que está bem mais próximo do que imaginávamos.

A Bíblia prediz a Batalha Final claramente e não somente em Apocalipse, como em vários outros livros dentro dela. Elenca os sinais que antecedem essa batalha. Até os céticos, cientistas e ateus reconhecem que o mundo pós-moderno não vai tão bem em diversas áreas, como: meio ambiente, família, sistema econômico, novas doenças, crises migratórias, guerras etc. Enquanto escrevo este depoimento, o mundo ainda sofre pela pandemia da Covid-19. E o meu coração sente que os campos de batalha estão prontos. Os verdadeiros cristãos

7 Maranata: expressão aramaica que significa "Vem, Senhor!"

clamam por Maranata[7], pela vinda de Jesus, e essa vinda será perante os olhos de toda a humanidade na Terra e debaixo da terra. Eu clamo. E Jesus expulsará o mal. Seu triunfo está profetizado.

> *Sinto urgência no meu coração em dizer para você, que ainda não se rendeu a Jesus, que o faça AGORA.*

Se você se sente cansado, humilhado e oprimido, entregue-se a Jesus. Entregue seu coração a Ele. Confesse que Jesus é o seu único Rei e salvador e que Ele morreu na cruz por você. Busque um lugar reservado e peça ajuda a Jesus, converse com Ele, no seu íntimo. Nessa conversa, talvez seja fundamental você estar a sós, não ter ninguém por perto, pois se você é como eu que usava "máscaras sociais", a presença de outra pessoa pode distraí-lo de Deus. Ou se você é um estrategista mental, do tipo que encontra as melhores respostas para si mesmo quando se trata dos seus erros, abandone suas estratégias mentais e renda-se ao sentimento de humildade. Admita que sozinho você não vence, que você é fraco por suas próprias forças e que você precisa da ajuda de alguém maior e melhor que você: Jesus.

> *Abandone suas estratégias mentais e renda-se ao sentimento de humildade, pois você, sozinho, não vencerá. Só vencemos com Jesus conosco.*

Você também pode buscar Jesus conversando com pessoas que amam Jesus. Pode ser um padre, um pastor, amigo ou parente cristão, terapeuta cristão obediente a Deus. Mas é necessário ir sem defesas internas ou justificativas prontas para essa conversa. Converse com alguém que seja verdadeiramente cristão (e não com aquele que se diz "cristão não praticante") e que seja de sua confiança. Tenha essa conversa como se estivesse num confessionário de seus erros, deixando a armadura no chão. Jesus pode usar pessoas fiéis a Ele, como um instrumento, para salvar você. Minha amiga Patrícia Kypriotis foi usada por Jesus para o início da minha conversão. Ou chame intimamente Jesus para conversar com você. Poderá ser em qualquer lugar: dentro de uma igreja, no escuro do seu quarto, dirigindo seu carro sozinho, na sua caminhada pela rua, reservado no seu escritório, sentado no banco de um parque, contemplando uma linda paisagem etc. Qualquer lugar, seja ele um lugar simples ou luxuoso, aberto ou fechado, claro ou escuro, grande ou pequeno, na cidade ou no campo.

Conheço pessoas que se converteram a Jesus ouvindo uma única música gospel que queimou seu coração. Outras entraram humildemente em uma igreja vazia e começaram a chorar intensamente, aos prantos, sem explicação natural. Outras estudam a Bíblia tão a fundo que vão aos poucos moldando um novo *mindset* com novos comportamentos. Outras testemunharam ou mesmo viveram algum milagre de Deus etc. Há sempre algo em comum: uma necessidade em ser preenchido na alma e pedir por isso.

Por isso escrevo este livro: para que você também possa conhecê-Lo, para dizer que Ele vive e está ao seu lado. Deus nos deu dons para serem usados a favor do seu Reino e um dos meus é escrever. Uso esse dom para falar a verdade para você. Demorei três anos para começar a compartilhar essa experiência sobre a qual, até então, apenas meus filhos e marido sabiam.

Permita-se ser humilde e admitir que do jeito que você está fazendo não está dando muito certo pois ainda falta algo em sua vida. Perceba que você já fez de tudo para ter plenitude na sua vida e ainda está cansado na alma. Renda-se a Jesus como seu único salvador, e Ele vai lutar as suas lutas por você, assim que você O aceitar com todo o seu coração. Ele morreu por você e morreu por mim, pregado numa cruz, sem nunca ter pecado. Abra a porta do seu coração para Jesus, com urgência.

> *"Vocês me procurarão e me acharão quando me procurarem de todo o coração."*
>
> *Jeremias 29:13, ACF*

Capítulo 2
A luz fosforescente

Sou João Cesar Ribeiro, 73 anos, casado e consultor de empresas.

Neste livro você encontra narrativas incríveis de pessoas que estiveram na presença de Jesus. Todas muito reais e emocionantes, mas o que mais as assemelha é a Fé e a certeza que Jesus veio ao mundo para nos salvar. A missão deste texto é contar o que aconteceu comigo e transmitir a mensagem que tirei da experiência incrível que tive.

Pretendo levar a você o testemunho do momento em que vi Jesus Cristo, mas, muito provavelmente, não terei uma narrativa significativamente completa e clara que retrate as incríveis sensações emocionantes que vivi, parte delas antes da experiência e parte depois, mas antes permita que eu me apresente a você que me lê.

Em poucas palavras, lhe conto que já vivi o bastante para saber que ainda tenho muito a ver e viver, como lhe contarei a seguir, apesar dos meus 73 anos. Amo estar casado, por isso, depois que enviuvei em 2002, após 32 anos de casamento, tentei um novo relacionamento, mas não deu certo. Agora, estou há quatro anos casado com Elaine, evangélica da Igreja Sara Nossa Terra, com quem me sinto realizado.

Comecei a trabalhar aos 14 anos e, depois de uma carreira bem-sucedida em multinacionais, tornei-me consultor de empresas, há 30 anos.

Por volta de 1964, meu pai, um vendedor viajante, trabalhador incansável, extremamente dedicado à família e que se dizia ateu, teve uma grave crise na coluna vertebral, o que o obrigou a ficar em casa por quase seis meses. Como provedor maior que era e sem poder trabalhar, os recursos começaram a rarear para a família, composta por meus pais, por mim e por minhas duas irmãs.

Na iminência de "ficarmos na lona", foi combinado e aceito por mim, que eu pararia de estudar e trabalhar por uns tempos e assumiria a região de vendas de que ele era responsável A região era coberta pela Estrada de Ferro Noroeste Paulista, que ia de Bauru (SP) a Corumbá (MS), e algumas outras praças da Cia. Paulista de Estradas de Ferro. Naquela época, as viagens eram principalmente feitas por ônibus ou trem. Bem... por que menciono esses fatos? Porque eles foram a base que me levou a ver Jesus, mais de 50 anos depois.

Em uma dessas viagens, no trem, conheci uma freira, pequenina e já bem velhinha, e me pus a conversar com ela. Aproveitei para pedir reposta a uma pergunta que há muito tempo me incomodava. Minha mãe, católica praticante, até hoje não sei exatamente o que esse termo significa, nunca abordou temas de religião comigo e muito menos meu pai, é claro, né? No meio da nossa conversa, soltei: – Freira, o que é Fé? Como a gente ganha? Com um mínimo de palavras, ela me atendeu: – Fé é acreditar em Deus e Nosso Senhor Jesus Cristo, e para ganhar é só pedir! Cristalina resposta. Aos 16 anos, comecei a pedir e receber Fé, desde então Deus está sempre presente comigo.

O que é Fé? E como a gente ganha?

Essa experiência me enche de satisfação e alegria, mas ao mesmo tempo de constrangimento, porque sei que muitas pessoas, sob os mantos do preconceito e incredulidade, irão repudiar e caçoar da história que tenho para contar.

Considero que minha vida sempre foi feita de diversas cores, muitas delas vivas e alegres, algumas tristes e amarguradas, mas depois que conheci a freirinha, no trem entre Andradina (SP) e Campo Grande (MS), ganhei mais cores alegres do que cinza.

Desde aquela viagem muita água passou sob a ponte da minha vida, então, mais de cinquenta anos depois, tons cinza começaram a me ameaçar. No final de 2020, me vi numa UTI com Covid-19. Meu quadro clínico era grave em função da fibrose pulmonar, que dominava 30% da minha capacidade de respiração.

Graças a Deus estava sendo bem cuidado e apoiado pela minha querida esposa Elaine. Ela agregou muitas cores alegres à minha vida, uma cristã que, a partir de 2016, quando nos casamos, me aproximou ainda mais da Bíblia e do Senhor. Obrigado, Elaine!

Durante as noites que passei no hospital, poderia estar me sentindo abandonado em um deserto, mas não, eu me sentia confortado. A escuridão e o silêncio queriam me intimidar, mas as luzes dos equipamentos, minhas estrelas particulares, e as enfermeiras de branco (que, caminhando pelo quarto, pareciam anjos) estavam ali para cuidar de mim. O sibilar dos ventos do deserto era substituído pelos alertas do WhatsApp notificando a chegada de quase 300 mensagens. Não havia como me sentir desamparado, ainda mais sentindo o calor das incontáveis orações que me dedicavam amigos de todos os credos e lugares, pessoas que eu nem conhecia e irmãos da Igreja Sara Nossa Terra. Meu coração nunca se sentiu sozinho. Mantive a serenidade e confiança porque meu deserto estava sempre lotado de amigos e irmãos de Fé e atividades. Obrigado a todos!

Pensava naquelas pessoas que estavam no deserto espiritual sem Fé, como fariam?

Na noite de 21 de dezembro, uma profunda calma preencheu meu deserto. Completamente desperto, vi uma intensa luz azul-claro fosforescente que iluminava um canto do quarto. Surpreso, pensei que alguma coisa estranha e diferente estava acontecendo. Não tive medo, mas confesso que fiquei estarrecido.

Era tudo muito inusitado. Percebi então que a luz anunciava alguma novidade. Surgia Jesus Cristo atravessando a parede.

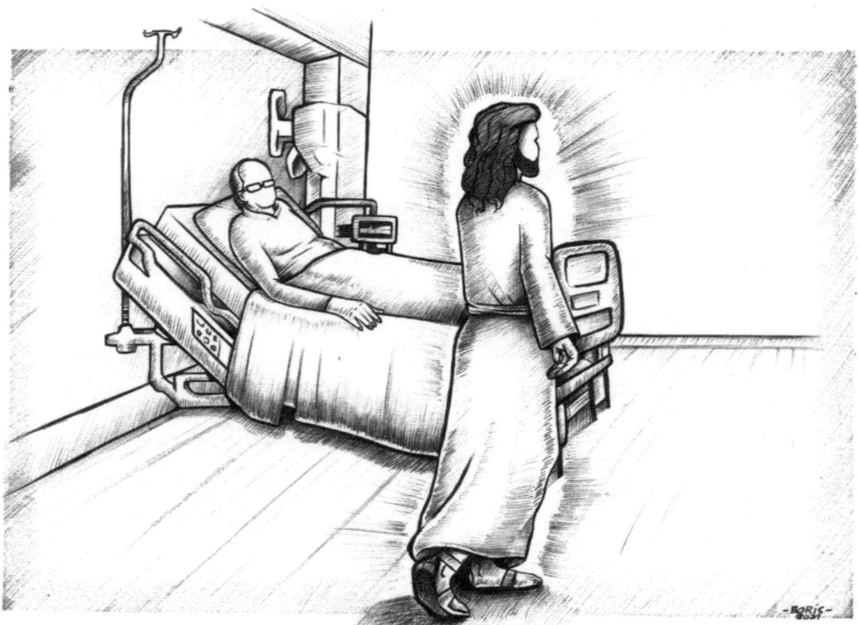

Uma luz azul fosforescente anunciava a novidade.

Ele caminhou lentamente com passos firmes. Sem emitir nenhum som, mas entrando no meu pensamento, Ele disse: “Vim te visitar. Estou aqui”.

Petrifiquei. Não consegui emitir uma só palavra ou interjeição, mas sentia Sua mensagem dominar meus sentidos. Pasmo, fiquei admirando aquela cena maravilhosa que estava acontecendo comigo naquele momento tão especial. Não me belisquei para saber se era real, porque era muito real, incrivelmente verdadeiro. Jesus estava ali me visitando!

Cumpriu-se o tempo Dele. Em Sua túnica branca iluminada de azul fosforescente, passou pelo meu quarto e, sem olhar para mim, atravessou a parede do outro lado. Foi embora... Na realidade não foi embora, apenas deixou-se saber visualmente que estava presente. Esses momentos, para mim, duraram um século, mas no tempo. Dele foi rápido. Sua presença elevou minha vida a um outro patamar: eu vi Jesus Cristo e ninguém tira isso de mim.

De todas as cores que vivi, o azul-claro fosforescente que iluminava Jesus foi a mais linda e única.

A mensagem foi clara. Pergunto-me frequentemente: Por que Jesus me visitou? Nunca estive muito perto Dele! Sou um pecador contumaz, comum e corrente! Nunca fui um grande benemérito nem Cristão fervoroso! Por que Ele me visitou? Qual mensagem Sua presença trouxe para mim?

Eu pedi, eu recebi.

Não encontro outra resposta, que não... Ele me visitou porque pedi e um coro de quase 300 mensagens e incontável número de orações me levaram a Ele. Será que foi isso? Talvez. Talvez eu ainda venha a saber e descobrir o propósito de Jesus Cristo ao visitar-me, mas por certo foi uma das muitas bênçãos que recebi em vida.

Com certeza, há inúmeras formas pelas quais eu posso retribuir Sua visita, mas nenhuma estará à altura da graça recebida.

De qualquer forma, como mencionei, entrei em um novo patamar espiritual e aquela luz fosforescente jamais se apagará.

Por maior satisfação e alegria que eu tenha tido com a experiência, meu coração se enche de constrangimento e tristeza ao saber que muitas pessoas incrédulas, que apenas vivem no deserto do mundo material, irão zombar e duvidar da minha história. A elas, eu deixo minha mensagem: faça como a freirinha indicou, peça Fé que ganharás! Um novo mundo se abrirá diante de você, porque Deus é fiel e você sempre receberá a bênção que pedir com Fé.

Capítulo 3

Viagem interna

Liliane, 54 anos, São Paulo. Mulher, cristã, filha de Adib Massad e Constantina de Souza Benevides Massad, esposa de Andre Luiz de Queiroz Boriero, mãe do Murilo Adib e Andreza, Pastora da Sara Nossa Terra, empresária, visagista, produtora de beleza.

> *"Portanto não se preocupem, dizendo:*
> *'Que vamos comer?'*
> *Ou 'que vamos beber ou que vamos vestir?'*
> *Pois os pagãos é que correm atrás dessas coisas; mas o Pai celestial sabe que vocês precisam delas. Busquem, pois, em primeiro lugar o Reino de Deus e a sua justiça, e todas essas coisas lhe serão acrescentadas.*
> *Portanto não se preocupem com o amanhã, pois o amanhã se preocupara consigo mesmo. Basta a cada dia seu próprio mal."*
>
> *Mateus 6:31-34, NVI*

1) Minha vida antes de conhecer Jesus

Não havia uma missão clara sobre minha existência. Eu vivia para resolver desafios na força natural, ou seja, eu ia até onde meu conhecimento intelectual poderia me levar, meu esforço físico também. Cabe, bem aqui, aquela máxima: "no braço".

Claro que tive muita motivação: cresci em um lar de afeto e responsabilidade, mas eu ia somente até a área de conforto, a área de certeza, aquela onde os olhos naturais alcançam. De suma importância, mas ainda medíocre. Por quê?

Porque era apenas otimismo, eu ainda não tinha a fé.

Cruz, Batismo nas águas, salvação através de Jesus, Espírito Santo não faziam parte do meu estilo de vida, e essa ignorância me deixava uma profunda procura, pois a paz era momentânea.

Onde mais se acentuavam as derrotas era na área de relacionamento. Minha disposição era animada, mas algo, em determinado tempo, não fluía!

Foram vários ciclos inacabados, eu me perguntava: "como vou vencer isso?".

Ainda assim, eu me casei! Foi essa união que me trouxe partes que agradeço a Deus todos os dias! Aprendi e aprendo muito com meu esposo, André, um homem que buscou me proteger, mesmo quando eu estava muito brava com ele!

> *Poderoso é o amor, as promessas e seus frutos!*

Eu também contribuí com o que sabia de melhor e o que não sabia buscava fazer para facilitar nossa jornada e ver meu marido satisfeito.

"Assim diz o Senhor: No tempo favorável te ouvi e no dia da salvação te ajudei, e te guardarei, e te darei por aliança do povo para restaurares a terra, e dar-lhes em herança as herdades assoladas; para dizeres aos presos: Saí, e aos que estão em trevas: Aparecei. Eles pastarão nos caminhos, e em todos os lugares altos haverá o seu pasto. Nunca terão fome, nem sede, nem o calor, nem o sol os afligirá, porque o que se compadece deles os guiará e os levará mansamente aos mananciais das águas."

Isaías 49:8-10, ACF

Tivemos dois filhos, construímos coisas lindas que todos querem em família: amor, união, alegria, rotina, bens, uma vida simples, mas ainda não nos sentíamos seguros em relação ao futuro.

Pensávamos que poderia ser área financeira, já que tínhamos mais dificuldades, porém eu sentia que não era isso.

Algo dentro de nós é que precisava ser revelado

Desejávamos um governo justo.

Queríamos uma garantia, que homens, por mais bem-intencionados, não poderiam nos garantir!

"Quanto a vocês, a unção que receberam dele permanece em vocês, e não precisam que alguém os ensine; mas, como a unção dele recebida, que é verdadeira e não falsa, os ensina acerca de todas as coisas, permaneçam nele como ele os ensinou."

1 João 2:27, NVI

Não buscávamos religião.

Particularmente já conhecia várias, mas não encontrei em nenhuma delas uma resposta para o meu ser.

Meu marido concordava que algo não nos dava liberdade de ir e vir.

Concluímos que rituais, liturgias nos aprisionavam, mesmo que ninguém nos pressionasse a nada.

Percebemos que protocolos eram bem-vindos quando precisávamos de algo. Era assim então nossa vida "cristã".

Não entrarei em detalhes, mas adianto que em convivência de relacionamentos sem Deus, a probabilidade dos atritos e diferenças se torna um problema constante.

No nosso caso, além da imaturidade nas emoções, ainda tinha essa ausência: relacionamento com Deus.

Minha mãe tinha aprendido o caminho, mesmo vindo de outras crenças, entretanto eu não sabia que o evangelho de Jesus trazia crenças de um Único Criador e Senhor, não de criaturas ou crendices, filosofias fundamentadas em testemunhos que incluem a Palavra de Deus, que é Ele mesmo, mas que não dariam credibilidade para sua Presença, para verdadeira direção! Eu descobri por experiência que somos enganados por ignorar a

Bíblia Sagrada e suas codificações, que só podem ser reveladas pelo Espírito Santo. Por isso está escrito que Deus se revela somente àqueles que O buscam, e O busquem com toda a força da mente, coração e alma!

> *"Escutem! Suas sentinelas erguem a voz; juntas gritam de alegria. Quando o Senhor voltar a Sião, elas o verão com os seus próprios olhos. Cantem juntamente de alegria, vocês, ruínas de Jerusalém. [...] O senhor desnudará seu santo braço à vista de todas as nações, e todos os confins da terra verão a salvação de nosso Deus."*
>
> Isaías 52:8-10, NVI

Como trabalhei na mídia, também não concordava com algumas atitudes de alguns líderes de um modo geral: política, clero etc.

Eu sabia distinguir quando era perseguição da própria mídia ou quando realmente era uma denúncia, mas ainda assim, resistia a ir a uma igreja evangélica. Resistia à realidade dos testemunhos da minha mãe, tão forte era a influência virtual!

> *"Proclamem a grandeza do Senhor comigo; juntos exaltem o seu nome. Busquei o Senhor, e ele me respondeu; livrou-me de todos os meus temores. Os que olham para Ele, e foram iluminados; seus rostos não serão confundidos."*
>
> Salmos 34:3-5, NVI

Um dia, devido a uma doença da minha cunhada e morte recente de uma tia do meu esposo, sentimos na pele a brevidade da vida, e mais, as aflições que nos perseguiam nos trouxeram a consciência de que tínhamos limites a romper urgentemente!

Já em São Paulo capital, no hospital, para visitar minha cunhada (até então morávamos no ABC Paulista – S. B. do Campo), resolvemos busca na igreja conforto para a dor. Lembramos da Sara Nossa Terra e lá, em um culto somente para mulheres, meu filho mais velho nos despertou quando entrou na fila para receber um "novo coração" porque "os pais dele precisavam"!

> *"Meus filhinhos, estas coisas vos escrevo para que não pequeis; e, se alguém pecar, temos um Advogado para com o Pai, Jesus Cristo, o justo. E ele é a propiciação pelos nossos pecados e não somente pelos nossos, mas também pelos do mundo."*
>
> *1 João 2:1-2, ACF*

Nesse dia, começou a mudança da minha vida, do meu esposo, da minha família.

Fomos a um retiro chamado "Revisão de Vidas" e ali cada um teve seu "Encontro com Deus". Foi forte! Foi decisivo!

Mudamos nossa rota exatamente, em todos os sentidos.

Nossa família escolheu ter Jesus como responsável por nós! Aceitamos Seu Senhorio e Sua Salvação!

2) Deserto

Deserto é um processo que antecede a dor.

É quando oramos, clamamos por Deus e Ele nos leva para a libertação, onde nossa mente vai nos transformar, evoluir!

O deserto é um ambiente para sermos treinados a conhecer Deus, vamos ouvi-Lo!

A área afetada será tratada. Deus irá revelar o que estava nos limitando e nos dará orientações para prosseguir e conquistar um novo conceito que dará resultados que antes nos pareciam impossíveis!

> *"O Anjo do Senhor é sentinela ao redor daqueles que o temem, e os livra.*
> *Provem, e vejam como o Senhor é bom. Como é feliz o homem que nele se refugia!"*
>
> *Salmos 34:7-8, NVI*

Há muitos desafios no deserto, não há muito a nosso favor aos olhos naturais, somente o necessário, mas tem muita Presença de Deus e, se olharmos com fé, com nossos olhos espirituais, saímos dele com a mente renovada!

Passei por vários, são processos! Uns rápidos e outros mais demorados, pois é necessário fé, obediência e persistência.

Vou narrar o mais recente, pessoal, pois eu penso que essa dimensão em que nos encontramos é um "deserto" para todos!

O meu deserto, sendo já Pastora, chegou quando "entrei no automático".

"Automático" é quando caímos na rotina e deixamos os relacionamentos seguirem sem a devida "manutenção". Quando isso acontece, tenha certeza, começou primeiramente com Deus.

Tem uma parábola que Jesus contou sobre as dez virgens ou dez noivas, das quais cinco eram prudentes e estavam vigiando com suas lamparinas acesas em azeite fresco, e cinco, insensatas, estavam com suas luzes apagadas, e de repente o noivo chega, e só pode ficar com as preparadas!

Esse é o melhor exemplo para quem se acostuma com o amor de Deus, a gente para de corresponder à altura, e de repente Ele chega com uma grande proposta, e aí, não estamos prontos!

Foi isso:

Habituei-me com Sua Presença e aí se tornou "normal".

Esse estado mental me deixou suscetível a dúvidas, de que já havia respostas, então, essas dúvidas não eram saudáveis! Isso abriu uma brecha para o inimigo de nossas almas!

Literalmente comecei a ouvir outras vozes malignas! Conselhos e situações em que me sentia perseguida, humilhada, desacreditada. Minha autoestima e identidade ficaram estremecidas!

Deixe-me lhe falar uma coisa: nunca os relacionamentos, principalmente com Deus, podem se tornar um costume a ponto de você não priorizar mais os detalhes, pois eles formam parte importante dos princípios ou promessas delegadas pelo Senhor! É a base!

Quando me perguntei onde isso teria começado, a que horas adormeci, percebi que havia uma decepção causadora! Uma grande frustração!

Lentamente começou o transtorno interno, que acima mencionei, mas que não nascera no presente, no momento, tempo da crise que eu estava enfrentando.

Eu descobri que era algo de antigo. Um pacto comigo mesma, que eu não deixei me tratar em Deus. Estava muito escondido, mas em Deus fora revelado durante o deserto!

Na dor, fiz muitas escolhas erradas, pois quando desacreditamos de nós, o Senhor, apesar de não nos abandonar, nos deixa colher daquilo que teimamos em fazer na nossa força.

Sim! É possível ter memórias negativas, que nada mais são do que falta de perdão!

Eu não poderia avançar! Não no Eterno!

Estava prisioneira dessa limitação, então clamei a Deus!

Pedi ao Espírito Santo intercessão.

A resposta foi que havia uma escolha a ser feita.

Perdão.
Novas crenças.
Novos hábitos.
Confiança em Deus.
Dedicação.
Obediência.

Tudo o que eu já conhecia e tinha feito com a maior facilidade quando me converti, mas, dessa vez, parecia mais difícil, mais profundo!

> *"Vinde a mim, todos os que estais cansados e oprimidos, e eu vos aliviarei. Tomai sobre vós o meu jugo, e aprendei de mim que sou manso e humilde de coração, e encontrareis descanso para as vossas almas. Porque o meu jugo é suave e o meu fardo é leve."*
>
> *Mateus 11:28-30, ACF*

Entendi que eu também me habituara a andar em uma velocidade desnecessária, tinha ficado ansiosa! Imagine você em alta velocidade e, ao pisar, não achar o freio!

A ansiedade é se preocupar com aquilo sobre o qual não temos controle nenhum, então nos ocupamos com tudo que é possível, mas sem filtrar o que é realmente nossa missão.

Sobrecarregada e cansada e chorando a todo instante, mas sem deixar de ir aos cultos, ouvi a Palavra: "Entregue seu fardo a Jesus!"

Entendi que a dificuldade estava em mim mesma. Então quando pude ficar em meu quarto, onde sempre oro e converso com Deus, nesse dia fiquei mais tempo e clamei:

–Socorro, Jesus! Me perdoa!
Estou me sentindo tão fraca, tão triste!
Eu pequei, Senhor! Contra ti em primeiro lugar
Meu Amado Pai! Me perdoa!
Não sei viver sem te servir!
Oh Pai! Peço perdão por mim,
pela minha família, pelo teu povo!
Eu perdoo todos que me feriram e
desfaço os pactos ocultos na minha mente!
Escuta essa súplica, Espírito Santo, perdoa
meus pensamentos e me dá os seus!
Me ensina por onde devo ir,
Pois quero realizar tuas promessas;

Para que todos vejam tua Misericórdia,
que aprendi de ti!
E de sua Justiça, mas me ajuda a passar por ela!
Porque sei que suas promessas e ensinamentos
são para todos os seus filhos
E sou tua filha! Olha para mim!
Gerei filhos que são seus, herança para ti!
Me casei com um príncipe teu,
me lapida! Me ajuda, pois, meus inimigos
São teus inimigos e teus inimigos são meus inimigos!
Te obedecerei com todo coração e alma!
Toda tempestade obedeceu-Te, Senhor Jesus,
e pelo Teu Nome já a repreendo em minha vida!
Tudo que for trevas em mim sairá
para que entre o dobro de Luz!
Te ofereço toda minha vida, louvor e gratidão!

3) Jesus me visitou

Depois do clamor que acima mencionei, eu fiquei buscando o Senhor em oração individual, com meus líderes, com grupos de intercessão da igreja, com meu esposo, filhos e pais.

Eu me fortalecia, mas, sinceramente, havia muito a ser restaurado.

> *"E sucedeu que, ao fim de sete dias, veio a palavra do Senhor a mim, dizendo: Filho do homem, eu te dei por atalaia sobre a casa de Israel; e tu da minha boca ouvirás a palavra e os avisará da minha parte."*
>
> *Ezequiel 3:16-17, ACF*

Um dia, na minha oração individual, lembrei o Senhor sobre o que eu tinha ouvido da Palavra Dele sobre minha vida. Uma promessa sobre o propósito de minha existência e meu chamado!

Falei que se realmente era essa minha missão, que ELE mesmo me confirmasse novamente.

Orei fervorosamente e abri uma Bíblia nova que tinha ganhado naquela semana!

Ao ver o texto e a promessa da qual pedi confirmação, ali diante dos meus olhos, não pude continuar somente de joelhos na beirada de minha cama!

Havia um estreito pedaço do chão e ali me prostrei em lágrimas, adorando o Senhor e bendizendo Jesus e o Espírito Santo!

> *"E da parte de Jesus Cristo, que é fiel testemunha, o primogênito dos mortos e o príncipe dos reis da terra. Àquele que nos ama, e em seu sangue nos lavou dos nossos pecados, e nos fez reis e sacerdotes para Deus e seu Pai, a ele, glória e poder para todo sempre. Amém!"*
>
> *Apocalipse 1.5:6, ACF*

E ali enquanto eu adorava e agradecia, eu dizia: Oh! Senhor Jesus! Oh! Espírito Santo! Eu sei que estás aqui! E de repente, senti um leve aquecimento no meu corpo, e via sem olhar dois pés com sandálias em frente à minha cabeça!

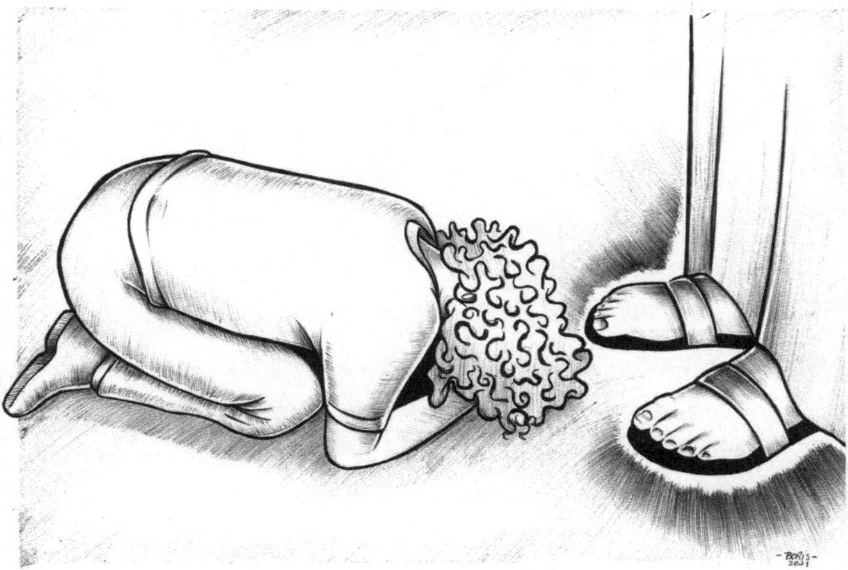

Eu entendia que essa conexão era pela fé, e essa referência aos pés, era para eu saber que Jesus vive, que Ele é o caminho, a Verdade e a Vida!

Meus braços que cobriam minha cabeça tremiam e eu, apesar de sentir vontade de olhar, escolhi agradecer e adorar.

Eu fiquei ali no chão por algum tempo, uma alegria enorme tomava meu coração e mente.

Eu entendi que minhas orações e clamor atraíram o Senhor e Ele me respondeu dessa forma!

Uma presença, uma energia que eu pudesse suportar; e o que consegui processar nesse momento foi que era para eu me levantar.

Não levantar a cabeça e olhar o que se passara, mas levantar-me da situação em que eu me encontrara e seguir em frente!

Não sou mais a mesma depois dessa experiência!

4) Meu novo mundo

Ainda vivi mais um processo doloroso depois disso, mas creio ter sido o último para a cura de que eu necessitava.

Se haverá outros processos? Claro que sim, mas não serão mais longos ou dolorosos demais, porque sei agora quem sou para Deus, e como Ele é Maravilhoso e nunca nos abandona!

Passei a ter urgência, de cooperar ainda mais para consertar o mundo, como antes eu tinha, buscando rever todos os dias meus pensamentos, meus conceitos, e tudo que Deus me deu, principalmente minha família, amigos, pessoas que todos os dias estavam à minha volta.

Meus conceitos e tudo o que Deus me deu, principalmente minha família!

Entendi que estava tudo sob o controle Dele, que Ele não exigia minha perfeição, mas desejava que eu permanecesse persistindo, me deixando lapidar para me tornar santa, apta, útil.

Meu coração se dilatou!

Perdão é como se alimentar. Todos precisam!

Misericórdia é como o ar que respiramos. Todos querem!

Fé é como uma missão. Todos buscam!

Amor é como identidade. Todos necessitam!

5) Um recado para você

Começar uma vida cristã é como ser um *baby* novamente. Você vai aprender!

É preciso criar raízes e é Deus quem cuidará do seu crescimento!

Você, como eu e como todos que tornam filhos de Deus, precisa fazer uma escolha:

Querer Jesus como Senhor e Salvador. É preciso buscar e seguir o que Ele vai nos ensinar, com a ajuda do Espírito Santo, quando ler a Bíblia.

Assegure-se de trocar seus pensamentos pelos de Deus e falar e praticar o que Ele diz.

AME O SENHOR! Priorize-o!

> *"Ame o Senhor, o seu Deus de todo o seu coração, de toda a sua alma e de todo seu entendimento."*
>
> *Mateus 22:37, NVI*

Capítulo 4
Lugar seguro

Eu me chamo Regiane, tenho 33 anos, sou casada, mãe de uma menina incrível, que se chama Lívia. Cresci numa família com pais muito diferentes em suas personalidades, mas ainda assim nos amávamos muito! Tive uma infância bem vivida! Cresci num sítio em meio à natureza, pés no chão, comia fruta do pé, brinquei muito. Fui muito ligada aos meus avós paternos, vivi com eles até os cinco anos de vida. Minhas maiores lembranças são os domingos, quando a casa estava sempre cheia de primos e primas. Minha avó, dona Rosa, foi a minha maior inspiração de vida como ser humano.

1) Minha vida antes de Jesus

Se eu tive uma vida antes de Jesus, eu desconheço, pois desde que me entendo por gente, eu ouvi falar sobre Ele, sobre a fé Nele, sobre os princípios bíblicos que devemos aplicar na nossa vida para termos felicidade. Mas como Jó dizia: “Meus ouvidos já tinham ouvido a teu respeito, mas agora os meus olhos te viram” (Jó 42:5, Bíblia Sagrada Nova Versão Internacional).

Fui uma criança obediente, às vezes teimosa, mas nada que passasse dos limites. Fui muito tímida até o início da minha pré-adolescência, quando nos mudamos de cidade e conheci outras pessoas, me envolvi com a igreja local, fiz novas amizades e atividades da igreja foram me destravando. Passei a ser mais comunicativa e veio a adolescência, a fase mais complicada da minha vida, na qual, mesmo dentro da igreja, até questões da minha sexualidade foram questionamentos para mim.

2) Deserto

Entre meus 9 e 13 anos, vivi momentos bem difíceis na minha vida. Meu pai ficou desempregado, além disso, passou por uma cirurgia bem séria no cérebro, que o impossibilitou de voltar a trabalhar, teve depressão e isso afetou toda a família. Passamos por dificuldades, as brigas entre ele e minha mãe eram bem intensas, eu ficava tensa e triste com a situação, mas sem poder fazer muita coisa. Apesar das brigas, eles sempre se acertavam e continuam juntos até hoje. Acredito que esses anos intensos fortaleceram muito nossa família, apesar de toda a dor. Perdi meu avô paterno a quem eu amava muito e dois anos depois veio a notícia mais difícil: a descoberta de um câncer grave na minha avó Rosa e sua internação. Durante nove meses, nossa família se uniu para cuidar dela. Minha Rosinha faleceu e junto com ela abriu-se um buraco no meu peito. Lembro-me de diversas conversas com ela na beira da cama, onde ela falava que ia morrer e eu dizia que não, que ela iria me ver casar, iria conhecer os bisnetos que eu ia dar a ela, mas ela se foi. A dor foi grande, por diversas vezes eu sonhei estar com ela e não queria mais acordar. Minha avó era a maior referência de ser humano para mim, ela era meu porto seguro, seu amor, bondade, paciência e fidelidade a Deus me ensinaram muito e agora não a tinha mais.

3) Jesus me visitou

Eu já frequentava a igreja e em fevereiro aconteciam os Acampamentos Religiosos (retiros de carnaval), mas em fevereiro de 2001 tive a experiência mais marcante da minha vida em um desses retiros: EU VI JESUS.

Há um mês eu havia perdido minha avó sem entender por que uma pessoa tão boa tinha que sofrer tanto como ela sofreu, e Jesus veio me consolar e me direcionar.

Lembro como se fosse hoje: estávamos numa tarde de sábado de carnaval, os acampamentos eram sempre cheios de adolescentes e jovens, havia sempre muita risada, brincadeira, gostávamos de ficar tocando e cantando em roda, me divertia muito, mas, naquela tarde, algo de especial aconteceria e eu não estava muito a fim de "bagunça".

Havia um quarto de intercessão, onde algumas pessoas poderiam entrar e orar, e eu fui convidada naquela tarde e aceitei o convite.

Havia muito louvor, música tocando, pessoas orando e clamando umas pelas outras, orando pelas famílias, orando por cada adolescente naquele retiro e eu ali, envolvida naquela experiência.

Naquele dia, eu entendi muitas coisas que ouvi a respeito de Jesus e suas promessas para minha vida. Um dia, quando minha avó estava de cama, ela recebeu a visita do seu pastor e ele orou por ela e por mim e sobre a minha vida ele profetizou Isaías 60:1: "Levante-se, refulja! Porque chegou a sua luz e a glória do Senhor raia sobre você" (Bíblia Sagrada, Nova Versão Internacional).

Aquilo mexeu muito comigo e eu só fui entender naquele retiro, naquela sala de oração que Deus tinha um propósito para minha vida e que Ele havia me chamado ainda criança, mas eu o conhecia de ouvir falar, lembram?

Naquela sala de oração, eu pedi tanto a Deus para que Ele se manifestasse a mim de uma maneira sobrenatural porque eu queria conhecê-Lo como nunca antes. Eu já havia chorado ouvindo um louvor, sentia emoções e arrepios ouvindo a Palavra de Deus, mas eu queria mais.

E, de repente, toda aquela música foi ficando cada vez menos audível, eu senti um abraço muito forte, eram braços de homem forte, como o abraço de um pai numa criancinha, sabe? Eu só conseguia chorar e um cheiro de mirra estava por toda a sala, é engraçado porque havia umas dez pessoas reunidas, mas naquele instante parecia que só estávamos nós, eu e Jesus. Eu senti aquele abraço tão real e tão forte e o cheiro de mirra era como se eu estivesse sendo curada de todos os traumas, rejeições, sofrimentos por dificuldades na família e a dor da perda da minha avó. Naquele dia, eu fui sarada de todas as dores de uma adolescente e entendi que Jesus me amava e havia se manifestado a mim. Aquela experiência marcou a minha vida de uma vez por todas. Eu recebi naquele abraço perdão dos meus pecados, fui purificada, marcada pela presença real do Espírito Santo.

Letra da música que tocava naquele momento (*Abraça-me*, de David Quinlan):

"Quero ser como criança
Te amar pelo que és
Voltar a inocência
E acreditar em Ti

Mas às vezes sou levado
Pela vontade de crescer
Torno-me independente
E deixo de simplesmente crer

Não posso viver
Longe do Teu amor, Senhor
Eu não posso viver
Longe do Teu afago, Senhor
Não posso viver
Longe do Teu abraço, Senhor (diga)
Não posso viver
Longe do Teu amor, Senhor
Eu não posso, eu não posso
Longe do Teu afago, Senhor
Eu não posso, não posso viver
Longe do Teu abraço, Senhor

Abraça-me
Abraça-me
Abraça-me
Com Seus braços de amor"

4) Meu novo mundo

Depois dessa experiência real com Jesus, minha vida nunca mais foi a mesma. Eu nunca sequer desejei voltar atrás na minha decisão de seguir a Jesus, viver seus ensinamentos, viver uma vida para Ele era meu objetivo e foi assim.

Se antes eu já O amava, agora eu estava convicta e grata pelo amor Dele por mim e não poderia retribuir de outra forma senão com a minha própria vida.

Decidi aos 14 anos que seguiria uma vida baseada nos princípios bíblicos e que isso incluiria minha vida por completo. Desde aquele momento, eu tive vários encontros com Jesus, a sós no meu quarto ou em vigílias de oração. Passei a ter um maior comprometimento com a leitura bíblica mesmo sendo tão jovem, isso valeu tanto a pena. Ter encontrado Jesus na minha adolescência me guardou de tantas frustrações, tantos medos foram embora, inseguranças, falta de autoestima. Eu entendi que era amada e capaz, pois, mesmo fraca, Jesus era a minha força.

Eu não vim de base familiar cristã, tudo o que vivi foi a partir dessa experiência com Jesus. Aprendi com Ele e com a Bíblia o que seria melhor para mim. Isso transformou o meu futuro.

Casei-me aos 20 anos com meu único namorado. Fui mãe aos 23 anos. Constituímos uma família baseada nos princípios de Jesus. Somos felizes e sei que o sucesso da nossa família está baseado em Cristo e nos seus ensinamentos. Hoje eu vivo uma harmonia na minha família que eu nunca vi quando era criança. Isso graças ao verdadeiro encontro com Jesus, meu Lugar Seguro!

5) Um recado para você

> *"Busquem o Senhor enquanto se pode achá-lo;*
> *Clamem por ele enquanto está perto."*
> *Isaías 55.6, NVI*

Eu não sei quantos anos você tem, se é bem jovem ou já viveu bastante, mas tenho uma coisa a dizer: busque a Deus aí onde você está e sua vida pode ser mudada por completo. Muito se fala de salvação, mas o que é salvação? Salvar-se do que, afinal?

Jesus, em seus 33 anos aqui na Terra, deixou muitos ensinamentos que mostram que a salvação é muito mais do que viver tranquilo após a morte.

Ele tem uma vida abundante para você e para mim. Uma vida baseada nos princípios bíblicos é uma vida de paz, justiça e alegria no Espírito Santo. Essa é a salvação integral que Jesus tem para nós.

Se você, assim como eu, deseja ter uma vida abundante independentemente do valor que tem em sua conta bancária, independentemente do lugar que você mora ou da sua situação atual; se você quer ter paz mesmo em meio ao caos, o convido a nesse momento fazer uma oração:

> *"Querido Pai, cheguei até aqui e reconheço que sou pecador e preciso do seu amor e graça sobre mim.*
> *Perdoa os meus pecados. Escreve o meu nome no livro da vida e me faz teu (tua) filho(a).*
> *Quero a partir de hoje viver ao seu lado, viver a salvação integral em minha vida. Me ajuda a continuar no Caminho até a sua vinda.*
> *Em nome de Jesus, amém!"*

Meu desejo é que você tenha um verdadeiro encontro com Jesus e viva a vida abundante que Ele tem para você.

Nem o nosso trabalho, nossas posses e dinheiro, nem mesmo a nossa família pode nos trazer plena satisfação e segurança.

Somente Ele é nosso Lugar Seguro.

Capítulo 5
Jesus Cristo, CRM-001 - O Médico dos médicos

Sou Cleber, irmão do Marcelo Affonso (*in memoriam*). Quando fui convidado para escrever a respeito da experiência sobrenatural que meu irmão teve, uma vivência e um contato emocionante com Jesus Cristo, confesso que fiquei surpreso e, ao mesmo tempo, com temor muito grande em poder relatar, com o máximo de riqueza de detalhes, tamanha experiência e com todo cuidado de não esquecer de nenhum detalhe, nenhum momento do que ocorreu com ele durante sua batalha contra uma grave enfermidade.

1) A enfermidade

Marcelo sempre foi um cara extrovertido. Desde criança, tinha o jeito maroto e divertido de um menino arteiro e que sempre levou essa fama pelas coisas que fazia. Era muito amável e eu acredito que via na minha pessoa de irmão mais velho, um referencial, uma segurança, um amigo com quem ele poderia contar sempre, para protegê-lo em toda e qualquer circunstância. Tínhamos uma diferença de idade de quase seis anos então, logo na minha adolescência, a nossa constância de relacionamento acabou se esfriando um pouco pelas fases distintas que vivíamos.

Foi nesse período que eu, com 19 anos e ele com 14, tivemos uma experiência nova e inusitada. Conhecer a Deus, conhecer a pessoa de Jesus de uma forma que ainda não tínhamos conhecido. Primeiro eu, na minha conversão em agosto de 1989, quando comecei a frequentar a igreja e aceitei Jesus como meu único Senhor e Salvador. Essa mudança na minha vida refletiu em algo positivo no Marcelo. Percebia-o curioso em saber o que eu "tinha recebido", que havia me transformado num jovem mais centrado, amável, carinhoso, menos explosivo, mais responsável. Tudo isso fez com que, um dia, ele aceitasse meu convite para também ir à igreja comigo. Foi amor à primeira vista. No primeiro culto, ele aceitou Jesus, conheceu jovens na igreja e criou uma nova *network*... Apaixonou-se de tal forma que começou a tocar os louvores da igreja, passando horas ouvindo os vinis de clássicos da música gospel da época, como Ademar de Campos e Ministério de Adoração de Goiânia, entre outros.

> *No primeiro culto, ele aceitou Jesus, conheceu jovens na igreja e criou uma nova network...*

Essa experiência, contudo, durou pouco tempo. Por outros motivos, ele acabou deixando de frequentar a igreja, o que trouxe profunda decepção para ele, a de não poder estar mais na igreja com a turminha com quem ele havia se identificado. Enfim, de qualquer forma, sempre creio que a palavra de Deus nunca volta vazia.

> *A palavra de Deus nunca volta vazia.*

Pouco tempo à frente, repentinamente, num jogo de futebol, ele teve um desmaio. Uma vez sob cuidados médicos, recebemos a bombástica notícia de que ele havia manifestado diabetes juvenil de forma tão avassaladora que, em pouquíssimo tempo, já estava dependendo de insulina para seu dia a dia.

Desde então, com pouco mais de 14 anos, ele começou a enfrentar essa doença, que trouxe vários problemas para ele no decorrer de sua vida.

Distante de Deus, ao menos é o que percebia, acabou esfriando em sua fé e seguiu uma vida de um jovem que optou em viver uma vida com algumas escolhas em seus hábitos de vida, que, entendo, certamente trouxeram mais malefícios do que benefícios. Talvez ele não tivesse noção da gravidade de sua doença, o diabetes, e praticamente viveu alheio a ela, sem muito zelo por boa parte de sua vida, no tocante ao cuidar da saúde. Meus pais fizeram de tudo e se doaram de forma intensa a cuidar dele, mudaram estilo de vida, questões alimentares, rotinas etc. respiravam o Marcelo praticamente todos os dias, o tempo todo, pois, de fato, ele requeria atenção e cuidados. O tempo passou, todos nós envelhecemos, a idade chega e os problemas de saúde foram se agravando.

Excelente profissional da saúde, Marcelo era um baita professor de educação física, conhecedor, estudioso e muito zeloso na profissão, mas consigo mesmo não dispendia os mesmos cuidados e isso lhe imputou perdas gradativas, como visão, circulação, rins, entre outros agravantes. Aos quase 40 anos, perdeu os dois rins devido à doença. Nessa ocasião, chegou a fazer hemodiálise quando, por uma decisão de minha mãe, ela cedeu seu próprio rim para ser transplantado, uma vez que eram compatíveis.

Marcelo ganhou uma nova qualidade de vida, o transplante teve um grande êxito e ele voltou à vida normal, contudo o diabetes ainda estava lá e se ele não cuidasse da sua saúde, logo aquele rim também ficaria comprometido e poderia ser perdido, assim como os rins naturais.

Mais maduro, até por essas experiências de saúde, ficou mais comedido, centrado e, em alguns raros momentos, esteve novamente na igreja para ouvir a palavra de Deus, contudo de forma bem aleatória. Chegou a participar de um retiro, onde teve um grande impacto momentâneo para sua vida. Mais uma vez, eu creio que a Palavra de Deus nunca volta vazia. Entretanto, para minha decepção, ele optou em não se firmar em Deus de forma incisiva. Tinha Deus em seu coração, mas aquele envolvimento e a paixão que experimentou quando tinha 14 anos de fato não foram os mesmos.

Uma boa notícia aconteceu anos depois, quando ele fez mais um transplante, dessa vez do pâncreas, um desejo enorme que sempre teve de voltar a ser uma pessoa normal, produzir insulina e deixar o diabetes no passado. E isso aconteceu. Ficamos todos muito felizes e Marcelo começou a degustar coisas da vida que havia passado anos sem poder saber como era.

Contudo, como transplantado duplamente, sua saúde sempre iria requerer cuidados. Estaria ele sempre susceptível a enfermidades e doenças mais do que qualquer pessoa normal, pois a sua imunidade era baixa devido à ingestão diária de imunossupressores, remédio indispensável a todo transplantado a fim de que seus órgãos não sofressem rejeição.

Começou a pandemia em março de 2020, e curiosamente eu e meu irmão nos aproximamos de uma forma muito positiva e saudável. Ele, como *personal*, começou a cuidar da minha saúde e de minha querida esposa, Cláudia, a qual Marcelo chamava carinhosamente de 'CLÁUS'.

Três vezes por semana, estava ele na minha casa, dando *personal* para nós, contudo, com o agravamento da pandemia, nossa academia no prédio fechou e a alternativa foram aulas *on-line*. Nós nos adaptamos e permanecemos conectados com esse vínculo, que trouxe mais vivência entre nós, mais afinidade, mais conversa, mais relacionamento.

Uma lesão, que tive numa das aulas, acabou me deixando no estaleiro por meses. Tive que parar de treinar e aquele contato semanal se perdeu por um tempo. Em outubro de 2020, eu já estava andando novamente de forma normal e combinei com ele de voltarmos aos treinos em novembro do mesmo ano.

Nesse mesmo mês, fiquei sabendo pela minha mãe que ele havia se queixado de algumas dores na cabeça e, em paralelo, de uma pequena perda de movimentos do seu lado esquerdo do corpo. Ficamos preocupados. Marcelo procurou um ortopedista e não houve melhora, então foi aconselhado a procurar um neurologista. Após exames mais detalhados, veio uma notícia que nos derrubou: a evidência de seis tumores na cabeça, um deles no sistema nervoso central, pelo que soubemos que sequer seria possível sua remoção.

> *Uma notícia nos derrubou: Marcelo tinha seis tumores na cabeça, um deles no sistema nervoso central, pelo que seria impossível sua remoção.*

Ficamos desnorteados e preocupados, mas confiantes em Deus, e foi justamente nesse momento que vi a necessidade de falar novamente de Jesus para ele. A cirurgia para remoção dos tumores foi marcada, e fomos eu e minha esposa ao hospital para orar com ele. Foi um dos piores dias da minha vida, quando, naquele quarto, Marcelo me abraçou e, chorando, olhou no meu rosto e me disse: "Clebão, cuida do pai e da mãe pra mim", com tom de despedida. Refutei imediatamente a fala dele, o animei a acreditar em Deus e fiz uma oração com ele e por ele naquele dia. Que Deus o visitasse e que ele (Marcelo) pudesse se alinhar com Deus. Ter um novo encontro com Ele e experimentar de seu amor.

A cirurgia marcada para dia 5/12 aconteceu na virada da noite. Todos nós com grande expectativa, nós com um relato dos médicos de que seria algo "tranquilo", um passo necessário para remoção e biópsia para identificar com qual tipo de câncer Marcelo estava lidando.

Infelizmente, a cirurgia foi muito malsucedida, por motivos que nós até hoje desconhecemos ao certo. Numa fala desencontrada da equipe médica e com poucos relatos, ele teve uma pressão intracraniana elevadíssima na hora da cirurgia, fato que gerou um sangramento interno intenso ao ponto de os médicos terem que remover praticamente 40% da caixa craniana do seu lado direito.

Marcelo quase veio a óbito, foi mantido em coma induzido e foram quase 30 dias na UTI, entre a vida e a morte.

Nesse período, eu e minha esposa pegamos Covid-19 e tivemos que ficar em quarentena, eu não podia visitá-lo na UTI... um grande dilema. Ficamos em oração nas campanhas, em jejum pela vida dele.

Em janeiro, ele foi retirado do coma induzido, mas os prognósticos médicos eram os mais pessimistas. Se acordar, e se acordar, será um vegetal. Com sorte... Sentenças duras por parte dos médicos. Alguns, mais humanizados, nos orientavam a buscar a fé, buscar a Deus.

Foi o que fizemos e já estávamos fazendo.

> *Os médicos disseram: "se ele acordar do coma induzido, será um vegetal".*

Com alegria, vimos Marcelo sair do coma e aos poucos acordando e recuperando parcialmente os movimentos do lado direito. O lado esquerdo não. Foram dias muito intensos, difíceis e com uma busca não menos intensa a Deus, em busca de um milagre. Porque de fato ele ficou sequelado, sem movimentos, o câncer estava lá e estava progredindo, ou seja, o pior cenário se configurava.

Neste tempo, contudo, eu e ele no hospital ouvíamos louvores. Orava com ele, líamos a Bíblia e ele recuperou a lucidez. Lembrou até dos cânticos que cantava nos seus 14 anos, em seu primeiro encontro com Cristo, na igreja. Não tinha dúvidas de que a mão de Deus estava com ele. Todos os dias ele pedia oração, estava muito sensível à voz de Deus. Por quatro ocasiões pudemos participar da célula (reunião de oração da igreja) que fazíamos *on-line*, e do leito do hospital ele assistia atentamente a cada uma delas.

Passados uns dias, ele se recuperava de forma surpreendente, a ponto de até começar a fazer brincadeiras e contar piadas, recuperando parte do bom humor que lhe era característico em nossa caminhada. Num desses dias, um médico entrou no quarto onde ele estava e nos avisou que ele seria removido para uma clínica de diagnóstico de imagem, próxima ao hospital, para fazer um exame detalhado em busca de possíveis metástases.

Chegado o dia do exame, eu, nesse dia, estava de plantão com ele no hospital, e fui com ele dentro da ambulância, como acompanhante. Chegamos à clínica de imagem, por lá aguardamos quase duas horas até o início dos procedimentos. Na sala do exame, entraram com ele: eu, o motorista da ambulância, a médica que veio conosco na ambulância e uma técnica de imagem, do laboratório. Após o colocarmos no equipamento de imagem para o *scanner*, ficaram na sala meu irmão, a médica e a técnica de tomografia. Eu e o motorista da ambulância saímos, a pedido da técnica de imagem.

Esse exame durou 12 minutos. Já ao ser colocado na maca para ser transportado de volta para ambulância, meu irmão estava muito, mas muito inquieto, tentando me dizer algo. Como ele não estava falando, a voz dele não saía por conta da traqueostomia, ele tentou escrever, mas não conseguia. Mas corriam lágrimas dos olhos tentando me escrever algo, e saiu um rabisco que eu não consegui decifrar.

2) A cura

Chegando ao hospital, ele dormiu. Eu deixei o plantão e quando voltei, dois dias depois, ele me viu chegar no quarto, eu me dirigi a ele no leito e ele, com olhos estatelados, esboçava uma fala, e deu pra entender uma palavra: "O CARIMBO DO MÉDICO, ONDE ESTÁ O CARIMBO DO MÉDICO?". Fiquei confuso, achei até que ele estava delirando, e acalmei ele e pedi para que ficasse calmo e tentasse me contar. Ele perguntou a todas as enfermeiras sobre esse carimbo. Elas me relataram que ele estava afoito querendo saber onde estava o médico que tinha o tal do carimbo.

No dia seguinte, acredito que por alguma evolução da sua saúde ou até mesmo permissão de Deus, ele esboçou uma fala e começou a me contar o que aconteceu. E disse. "Clebão, você lembra o exame que eu fiz... lá no exame, o médico veio falar comigo. Lá na sala do exame de imagem, o médico veio até mim e disse: Marcelo, o exame está quase no final, faltam quatro minutos. Sua doença é gravíssima, você sabe, não é? Mas a única coisa que você pode fazer agora é orar, ore a Deus, com fé, e Ele irá te curar". Nesse momento, ele ainda disse ter ficado com uma raiva muito grande desse "médico", por que entendeu que o mesmo estava desenganando sua saúde, como se algo fosse irreversível, e que só a fé poderia salvá-lo da morte. Aí ele continuou dizendo "Aí, Clebão, eu ouvi aquilo do médico e comecei a chorar e dentro da máquina do *scan*, eu comecei a orar e pedir Deus, 'me cure, Deus me cure,

Deus eu quero a minha cura', e orei até acabar o exame. Em seguida, o médico veio até mim, com um papel na mão e me disse: 'Marcelo, o exame acabou, e eu já estou com seu laudo'. Daí, Clebão, ele pegou o laudo, apoiou o papel numa mesa, tirou o carimbo dele do bolso, carimbou o laudo, e em seguida virou o laudo na minha direção. E estava lá, um laudo em branco, nada escrito, e apenas o carimbo do médico no lado inferior do laudo, e nele dizia. CRM-001 – JESUS CRISTO, O MÉDICO DOS MÉDICOS, e esse médico, com o laudo na mão dizia: 'Marcelo, Deus ouviu sua oração. E por isso você está curado'".

Marcelo me contava isso chorando, em prantos, extasiado, cheio de fé...

Ele falou para todo mundo que entrava naquele quarto, que Jesus Cristo tinha curado e feito um milagre na vida dele. Marcelo melhorava a cada dia, contudo, neste breve período no hospital, ainda teve que passar por mais três cirurgias na cabeça, devido a infeções hospitalares que contraiu.

Saiu o exame do *PET scan*[8], e ficamos contentes ao saber que não havia metástase alguma pelo corpo. Glória a Deus por isso, mas os tumores na cabeça? Segundo os médicos, estavam lá e crescendo.

Passados alguns dias, formos chamados pelo corpo médico, no corredor do hospital, eu e minha mãe, onde o médico que cuidava dele disse que meu irmão tinha no máximo seis meses de vida. Pela medicina, cânceres como esse, de tal forma agressivos, não permitiam uma sobrevida maior do que esse período. Dias depois, Marcelo foi removido para outro hospital, onde ele havia feito seus transplantes. Entendeu a equipe médica que lá ele poderia ter um melhor acompanhamento por hematologistas, em conjunto com os médicos que fizeram seu transplante, com objetivo de garantir uma melhor qualidade de vida pra ele e, no entender deles, um final de vida mais digno.

Mas a nossa esperança era que ele saísse do hospital, se recuperasse do câncer, recuperasse os movimentos. De que ele fosse pra casa.

Removido ao outro hospital, acolheram o Marcelo como um novo paciente e então começaram a refazer todos os exames dele novamente.

---

8 PET scan: também chamado de tomografia computadorizada por emissão de pósitrons, é um exame de imagem muito utilizado para diagnosticar precocemente o câncer, verificar o desenvolvimento do tumor e se há metástase.

Dois dias após o início dos exames, o neurologista-chefe do hospital procurou-nos e, meio sem jeito, mas com esperança e alegria, relatou os resultados dos exames, que fora investigada novamente a situação dos tumores cerebrais: contudo, NENHUMA CÉLULA CANCERÍGENA HAVIA SIDO ENCONTRADA SEGUNDO O LAUDO. Refizeram novamente e o resultado se confirmou. Marcelo não tinha mais câncer algum. Foi a confirmação de que JESUS CRISTO, CRM 001, O MÉDICO DOS MÉDICOS, HAVIA AGIDO.

> *Ao refazer todos os exames, foi constatado que não havia nenhuma célula cancerígena.*

Isso foi uma prova indiscutível para meu irmão, que teve uma experiência indescritível com Jesus e provou em vida um milagre que apenas Ele poderia fazer.

A uma semana da alta, já prevista pela equipe médica, devido à sua evolução, Marcelo teve uma convulsão. Investigou-se e decidiram levá-lo para a UTI por precaução. Palavras desencontradas, diagnósticos imprecisos e relatos confusos dos médicos chegaram diariamente até nós. Após alguns dias, por uma broncoaspiração e devido a um quadro de debilidade por conta de uma nova infecção hospitalar, meu irmão nos deixou e foi para a Glória.

Uma notícia chocante, quando todos nós cheios de esperança contávamos as horas para vê-lo distante daquele hospital, em casa, retomando a vida e contando os feitos do Senhor em sua Vida.

Contudo os planos do Senhor na Glória com o Pai eram outros. A glória que ele experimentou em vida, a experiência marcante, o trouxe de volta para os Braços do Pai.

Meu irmão nos deixou e foi para a Glória com o Pai, a Glória que ele experimentou em vida.

A ELE, toda a honra e toda a Glória. Sei que, um dia, irei reencontrar meu querido irmão. Junto com o Senhor, para toda a Eternidade. Assim seja, amém!

Capítulo 6
Eu conversei com Jesus

Sou Cléia, nascida em Minas Gerais e moro em Ilhabela (SP). Sou solteira e mãe de três filhos. Frequento a Assembleia de Deus.

1) Minha vida antes de conhecer Jesus

Antes de conhecer Jesus, eu era uma pessoa depressiva, frequentava baladas a fim de preencher um vazio que havia dentro de mim e, mesmo estando no meio da multidão, me sentia sozinha, sentia um vazio que não conseguia expressar para ninguém. Eu tinha a sensação de que as pessoas ao meu redor me olhavam com desprezo.

Eu até frequentava uma igreja e já conhecia a palavra de Deus, mas não tão profundamente. Eu nunca tinha lido a Bíblia até o dia que encontrei uma no lixo. Era uma Bíblia bem velha, gasta pelo tempo, com páginas incompletas e cheia de anotações com caneta fluorescente. Resolvi ler as páginas marcadas[9].

9 Êxodo 20:3-6: "Não terás outros deuses além de mim. Não farás para ti nenhum ídolo, nenhuma imagem de qualquer coisa no céu, na terra, ou nas águas debaixo da terra. Não te prostrarás diante deles nem lhes prestarás culto, porque eu, o Senhor, o teu Deus, sou Deus zeloso, que castigo os filhos pelos pecados de seus pais até a terceira e quarta geração daqueles que me desprezam, mas trato com bondade até mil gerações aos que me amam e obedecem aos meus mandamentos."

Eu nunca tinha lido a Bíblia até o dia em que encontrei uma no lixo.

Foi quando eu entendi o significado de Jesus na minha vida. E, para acrescentar, meu filho de seis anos estava triste na ocasião, pois ele queria estudar a Bíblia numa escola dominical, mas ele não pôde ir devido à pouca idade, por ainda não saber ler. Então eu lhe disse: "vai para o seu quarto e ore, filho, peça para Deus que você quer aprender a ler". No mesmo instante, ele pegou essa Bíblia que eu encontrei no lixo e que estava em cima da minha cama e começou a ler esta passagem:

"Disse-lhe Jesus: Eu sou o caminho, e a verdade e a vida; ninguém vem ao Pai, senão por mim. Se vós me conhecêsseis a mim, também conheceríeis a meu Pai; e já desde agora o conheceis, e o tendes visto."

João 14:7,6, ACF

E mais, ele leu os 10 mandamentos chorando e dizendo: "mãe, eu já aprendi a ler".

2) Deserto

Eu tinha pensamentos suicidas e tomava inúmeros remédios: para dormir, para ansiedade, para depressão. Uma média de sete comprimidos diários. Eu já convivia com a depressão de longa data. No início, eu nem tinha consciência de que era depressiva. Isso prejudicou a convivência com meu outro filho, que acabara de nascer.

Nessa época, eu vivia dentro do meu quarto, não queria encontrar com ninguém e minha filha mais velha de 11 anos assumiu as obrigações da casa. Eu não conseguia fazer nada por causa da depressão. O máximo que eu saía de casa era para frequentar uma igreja no meu bairro.

Eis que minha filha mais velha foi convidada para frequentar uma outra igreja. Quando ela retornou, disse-me que não queria mais ir à igreja que eu estava levando-a. Ela disse que nessa igreja que ela foi era diferente: "mãe, lá eles falam de Jesus, se você fosse, você seria curada". Eu não fui até o dia em que uma amiga veio me visitar em casa e me convidou para ir a essa mesma igreja e novamente minha filha insistiu para eu ir, pois eu seria curada. Então resolvi ir.

3) Jesus me visitou

Já na igreja, o pastor dizia: "Deus fala comigo que aqui tem uma pessoa que sofre de depressão". Na hora, eu senti que essa mensagem era comigo. A pedido do pastor muitas pessoas levantaram a mão, mas ele respondia para essas pessoas que não eram elas. Eu sentia o meu peito queimando, sentia que a mensagem era para mim, apesar de eu não ter levantado mão. Insistindo, o pastor pede para que as pessoas se dirijam à frente para receber uma oração. Eu também não fui à frente. Ao final da oração, ele reforçou: "a pessoa que Deus quer curar não virá aqui à frente? É hoje que Jesus quer transformar sua vida minha irmã. Basta dar um passo à frente". E ele dizia este trecho da Bíblia:

> *"Vinde a mim, todos os que estão cansados e oprimidos, e eu vos aliviarei."*
>
> *Mateus, 11:28, ARA*

Resolvi ir. Ele disse: "era você, né, irmã? Jesus é a vida e, a partir de hoje, Ele está te dando uma nova vida". Eu só chorava. Naquele momento, eu tive a certeza de que todo o vazio que estava em mim foi curado. Todos os pensamentos suicidas, tristeza, depressão, o vazio emocional, tudo saiu de dentro de mim. Eu sentia que algo estava acontecendo comigo, que eu estava renascendo. Sentia-me uma nova pessoa, num renovo completo. Cheguei em casa e joguei no lixo todos os meus remédios e falava o tempo todo para mim: quero viver na presença de Jesus.

O tempo passou e eu frequentava a igreja constantemente. Porém o tempo passava e, pelos acontecimentos da vida, eu estava triste e decepcionada novamente. Senti-me como se não tivesse ninguém na vida de novo.

Certo dia, me sentindo só e vazia, eu fui até a igreja porque queria ouvir uma mensagem que tirasse isso de mim. Mas lá na igreja eu não estava ouvindo o que eu queria ouvir. Em meus pensamentos, eu questionava a Jesus: "você está aqui nesse lugar? Eu vim aqui te ver". Sem respostas, no final eu saí mais triste ainda da igreja. Era noite e voltei para minha casa. Ao chegar em casa, estava sozinha no meu quarto e continuei chorando, questionando e pedindo a Jesus: "Você estava ali naquele lugar? Eu estou sentindo um vazio, tire isso de mim". E eis que, numa visão, Jesus surgiu e mostrou-me que Ele esteve comigo dentro da igreja, sentado ao meu lado, o tempo todo. Também me mostrou que andou comigo na rua, ao sair da igreja.

Nessa visão, eu enxerguei que Ele também estava comigo, ali no meu quarto. E eu, chorando muito, fui entender que, para ter um encontro com Jesus, nós temos que nos derramar aos pés Dele, invocar o nome Dele. E, na visão, eu ainda perguntei para Jesus: "mas era você mesmo que estava sentado ali?". Foi quando Ele estendeu as suas mãos e eu pude ver as marcas nas mãos e nos pés Dele.

Fiquei impactada e só chorava. Eu falava: "Eu vi Jesus, era ele mesmo, eu O vi". E todo o vazio sumiu. Ele mostrou-me que, onde quer que eu esteja, se eu invocar o nome Dele, Ele estará comigo.

4) Meu novo mundo

Depois dessa visão, eu tive a certeza de que onde eu estiver Ele estará comigo.

Hoje eu vejo as coisas de outra forma, pois tudo se transformou em minha vida. Eu vi Jesus e sei que Jesus está comigo, renovando as minhas forças todos os dias, não importando quais são as dificuldades que eu tenha que enfrentar. Sei que Jesus está fazendo tudo novo em minha vida. Temos apenas que crer e eu creio no nome de Jesus.

> *"Então disse Jesus aos seus discípulos: Se alguém quer vir após mim, renuncie-se a si mesmo, e tome sobre si a sua cruz e siga-me, porque, aquele que quiser salvar a sua vida, perdê-la-á; e quem perder a sua vida por amor de mim achá-la-á.*
>
> *Pois que aproveita ao homem ganhar o mundo inteiro, se perder a sua alma? Ou que dar o homem em recompensa da sua alma? Porque o Filho do Homem virá na glória de seu Pai, com os seus anjos; e, então, dará a cada um segundo as suas obras.*
>
> *Em verdade vos digo que alguns há, dos que aqui estão, que não provarão a morte até que vejam vir o Filho do Homem no seu Reino."*
>
> *Lucas 9:23-28, ACF*

5) Um recado para você

Gostaria de dizer para você que não é porque a gente aceita Jesus que a nossa a vida passará a ser um mar de rosas. Como já dizia a música: "Nosso Deus se movimenta com o som da adoração" (*Não há igual*, de Lauriete). E quando a gente está orando, Jesus inclina seus ouvidos para nos escutar.

Quando a gente está orando, Jesus inclina seus ouvidos para nos escutar.

Portanto, quando você pensar que não há mais solução, lembre-se do grande autor e consumador da nossa fé: Jesus Cristo. O grande autor deste livro é Jesus.

"Porque Deus tanto amou o mundo que deu o seu Filho Unigênito, para que todo o que nele crê não pereça, mas tenha a vida eterna."

João 3:16, NVI

Parte final

Querido leitor,

Você leu as seis histórias relatadas aqui e você pode estar se perguntando: E eu? Como faço para ter uma experiência dessa? Como ter minha vida mudada como essas pessoas tiveram?

Deixe-me lhe contar uma coisa: na Bíblia diz que os olhos de Deus passeiam pela Terra procurando adoradores. 2 Crônicas 16:9 (NVI) diz: “Pois os olhos do Senhor estão atentos sobre toda a terra para fortalecer aqueles que lhe dedicam totalmente o coração”.

Diz também que, se nós procurarmos Deus de todo o nosso coração, Ele se deixará encontrar. Deuteronômios 4:29 (NVI): “E lá procurarão o Senhor, o seu Deus, e o acharão, se o procurarem de todo o seu coração e de toda a sua alma”.

Diz também que se pedirmos, Ele nos dará. Mateus 21:22 (NVI) “E tudo o que pedirem em oração, se crerem, receberão”.

Deus não faz acepção de pessoas. Veja que nos relatos deste livro temos homens e mulheres das mais diferentes faixas etárias, raça, profissão, escolaridade. Sabe por quê? Porque para Deus somos filhos amados e únicos dentro das características de cada um. Somos exclusivos, não tem ninguém igual ao outro. Até nossa impressão digital consegue ser única, num planeta com bilhões de pessoas. Somos especiais para Deus.

Então você pensa: tá bom, eu vou buscar e vou pedir a Ele que transforme minha vida também!

Isso vai acontecer a você, se você nascer de novo! João 3:4-5 (NVI): "Perguntou Nicodemos: Como alguém pode nascer, sendo velho? É claro que não pode entrar pela segunda vez no ventre de sua mãe e renascer! Respondeu Jesus: Digo-lhe a verdade: Ninguém pode entrar no Reino de Deus, se não nascer da água e do Espírito".

Nascer de novo, como Jesus explicou a Nicodemos, é abandonar sua vida de erros e pecados e se tornar uma nova criatura. Através do batismo nas águas, nascemos de novo. "Ele percorreu toda a região próxima ao Jordão, pregando um batismo de arrependimento para o perdão dos pecados" (Lucas 3:3, NVI).

Jesus nos ensina que devemos nos arrepender dos nossos pecados que o Pai nos perdoará. "Se o meu povo, que se chama pelo meu nome, se humilhar e orar, buscar a minha face e se afastar dos seus maus caminhos, dos céus o ouvirei, perdoarei o seu pecado e sararei a sua terra" (2 Crônicas 7:14, NVI).

O Espírito Santo nos dá a capacidade de perdoar, basta tomarmos a decisão e ele fará o restante.

Dessa maneira simples, você pode ter sua vida totalmente transformada: buscando a Deus de todo o seu coração, nascendo de novo, se arrependendo de todos os seus erros, deixando o Espírito Santo agir e crendo que Jesus Cristo é o seu Senhor e seu Salvador! "Eu sou o caminho, a verdade e a vida, ninguém vem ao Pai senão por mim" (ACF). Assim nos ensinou Jesus. É através Dele, e só através Dele, que chegamos ao Pai.

Ele morreu por mim e por você! Ele levou, naquela cruz, todos os nossos pecados, toda nossa iniquidade, todas as nossas doenças. Pelas suas pisaduras, fomos sarados!

Independentemente do tamanho dos seus erros, dos seus pecados, você já foi liberto e perdoado de todos eles através de Jesus. Você pode começar uma vida nova, sem pecado e ser uma nova criatura.

Querido leitor, se este livro chegou até você é porque os olhos de Deus estavam buscando-o! Creia nisso! É assim que Deus age! Nada acontece por acaso quando falamos do Reino de Deus.

Tome posse dessas verdades e tenha uma nova vida!

Elaine Hernandez Ribeiro